Texto de Paulo Mauá

Ilustrações de Michelle Duarte

PASSEIO INDÍGENA POR SÃO PAULO

Copyright do texto © 2023 Paulo Mauá
Copyright das ilustrações © 2023 Michelle Duarte

Direção e curadoria	Fábia Alvim
Gestão editorial	Felipe Augusto Neves Silva
Diagramação	Luisa Marcelino
Revisão	Marcela Origo

Catalogação na publicação
Elaborada por Bibliotecária Janaina Ramos – CRB-8/9166

M447p
    Mauá, Paulo

    Passeio indígena por São Paulo / Paulo Mauá; Michelle Duarte (Ilustração). – São Paulo: Saíra Editorial, 2023.
    32 p., il.; 22 x 22 cm

    ISBN: 978-65-81295-34-9

    1. Literatura infantil. I. Mauá, Paulo. II. Duarte, Michelle (Ilustração). III. Título.

    CDD 028.5

Índice para catálogo sistemático:
1. Literatura infantil 028.5

Todos os direitos reservados à Saíra Editorial

@sairaeditorial   /sairaeditorial
www.sairaeditorial.com.br
Rua Doutor Samuel Porto, 411
Vila da Saúde – 04054-010 – São Paulo, SP

Aos caminhantes da grande aldeia.

No caminho do tatu no Tatuapé
até o tatu
caminha a pé.

O gafanhoto verde do Tucuruvi
brinca de esconde-esconde
com as moscas barulhentas
do Morumbi da mesma cor.

Quando bate o calor
do vento forte do Butantã,
pula sapo do sul, perereca do norte,
pula rã.

Os homens brancos tomam rumo
para fazer casa de barro e barroca
nas vilas da Mooca.

Tem rocha e buraco,
de tudo quanto é tamanho,
espalhados pelo Jabaquara.

A revoada do pagagaio currupaco
compete para ver quem chega primeiro
com as asas coloridas da arara-canindé.

Peixe grande
não cansa de bater escama por aí
nas muitas voltas
do rio Tamanduateí.

E peixinho
que ainda não aprendeu a nadar direito
cai nas armadilhas do Pari.

O tatu continua firme na caminhada
e se encolhe todo ao passar pelas poças do Pacaembu
como se fosse bola.

Quem também não enrola na jornada
é o tamanduá-bandeira que desnorteia
as árvores podres abandonadas do Ibirapuera.

A onça que mora perto da Jaguaribe
de mansinha não tem nadinha.
Portanto, muito cuidado no caminho!
Nunca vá sozinho!

Chame um amigo
ou toda a galera,
porque, sem querer,
pode aparecer um velho diabo sentado
à beira da estrada Anhanguera.

O AUTOR

Paulo Mauá é escritor e músico. Mora na praia e, sempre que pode, caminha descalço na beira do mar sem pressa de ser feliz. Adora ler, viajar, ir ao cinema com pipoca no colo e escrever bastante. É autor de vários livros infantis e juvenis, como a "Saga Panapaná" (cinco livros da personagem Beatriz, do *Circo Panapaná* até a *Tribo Panapaná*); *Roldão, o colecionador malucão* e vários outros. Uma das coisas de que mais gosta: conversar com as leitoras e os leitores sem ver a hora passar.

A ILUSTRADORA

Michelle Duarte é ilustradora e professora da Educação Infantil. Antes de ser professora, queria ser desenhista e, no fim, acabou juntando esses dois universos. Hoje, dedica-se a ilustrar livros infantis. Ela espera que você tenha se divertido com a leitura tanto quanto ela se divertiu ao ilustrar este livro.

Esta obra foi composta em Omnes e Scriptorama
e impressa em couché brilho 150g/m²
para a Saíra Editorial em 2023